TOTSUKA EMBROIDERY

一輪の花刺しゅう

戸塚 薫 著

TOTSUKA EMBROIDERY

一輪の花刺しゅう

Contents

Level　**難易度について**　　作品の難易度を、タイトルの下に示しています。

初級：✻　　中級：✻✻　　上級：✻✻✻

本書の見方

・図案中の解説は、ステッチ名（「・S」はステッチの略、糸番号（3〜4桁の数字）、糸の使用本数（（ ）内の数字）の順で表示し、ステッチ記号に矢印で示しています。ステッチ記号は、58頁の「ステッチの基礎」を参照してください。ただし、一部ステッチ記号とステッチ名を省略しているものもあります。

・図案は全て実物大ですが、ステッチ記号は、見やすいように大きめに描いてありますので、実際の刺し上がりは写真を参照してください。

・刺す順番は、原則的には外側から刺しますが、輪郭や区切りの線は内側を刺し終えてから刺します。また、①②…の表記のあるところは、その順番で刺します。

・図案中の記号は、同じ記号がある部分は同じ刺し方をすることを示しています。ただし、写真でわかるものには記号を入れていないこともあります。

この本に掲載の作品は、全てコスモ1700番フリーステッチ用コットンクロス、コスモ25番刺しゅう糸を使用しています。

この本に関するお問い合わせは、小社編集部（TEL 03-3260-1859）までお願いします。

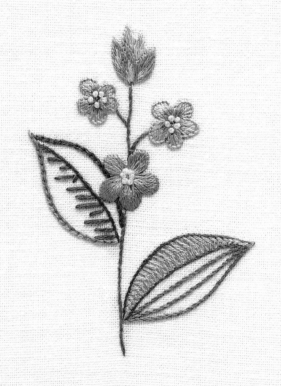

春

1. キュウリグサ

Level ✽✽

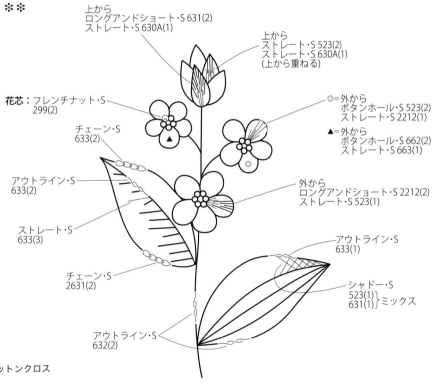

上から
ロングアンドショート・S 631(2)
ストレート・S 630A(1)

上から
ストレート・S 523(2)
ストレート・S 630A(1)
(上から重ねる)

花芯：フレンチナット・S
299(2)

◎=外から
ボタンホール・S 523(2)
ストレート・S 2212(1)

▲=外から
ボタンホール・S 662(2)
ストレート・S 663(1)

チェーン・S
633(2)

アウトライン・S
633(2)

ストレート・S
633(3)

外から
ロングアンドショート・S 2212(2)
ストレート・S 523(1)

アウトライン・S
633(1)

シャドー・S
523(1)
631(1)}ミックス

チェーン・S
2631(2)

アウトライン・S
632(2)

材料
●コスモ1700番フリーステッチ用コットンクロス
　(11ホワイト)　ヨコ25×タテ20cm
●コスモ25番刺繍糸　ブルー2212、523、662・
　663　黄299　グリーン630A・631・2631・
　632・633

2. キンセンカ

Level ✱✱

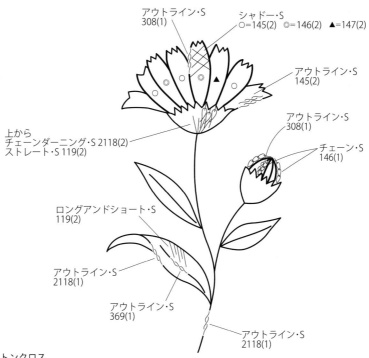

アウトライン・S
308(1)

シャドー・S
○=145(2) ◎=146(2) ▲=147(2)

アウトライン・S
145(2)

アウトライン・S
308(1)

チェーン・S
146(1)

上から
チェーンダーニング・S 2118(2)
ストレート・S 119(2)

ロングアンドショート・S
119(2)

アウトライン・S
2118(1)

アウトライン・S
369(1)

アウトライン・S
2118(1)

材料
- ●コスモ1700番フリーステッチ用コットンクロス
  (93ペールグレー) ヨコ25×タテ20cm
- ●コスモ25番刺繍糸 グリーン2118・119 黄
  145・146・147 茶308、369

3. ハハコグサ

Level ✳

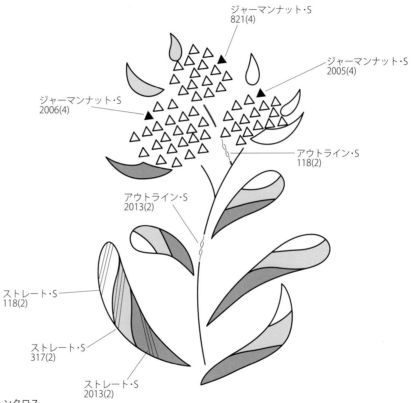

ジャーマンナット・S
821(4)

ジャーマンナット・S
2005(4)

ジャーマンナット・S
2006(4)

アウトライン・S
118(2)

アウトライン・S
2013(2)

ストレート・S
118(2)

ストレート・S
317(2)

ストレート・S
2013(2)

材料
- コスモ1700番フリーステッチ用コットンクロス
  (11ホワイト)　ヨコ25×タテ20cm
- コスモ25番刺繡糸　グリーン118、2013、317
  金茶2005・2006、821

4. ネコヤナギ

Level ❋

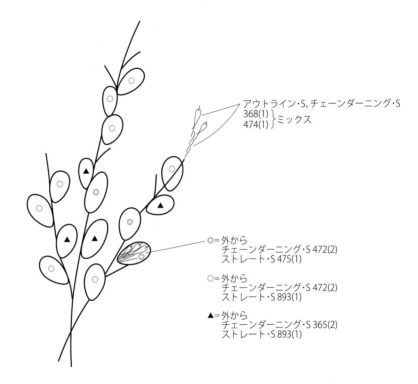

アウトライン・S、チェーンダーニング・S
368(1) }
474(1) } ミックス

◎=外から
チェーンダーニング・S 472(2)
ストレート・S 475(1)

○=外から
チェーンダーニング・S 472(2)
ストレート・S 893(1)

▲=外から
チェーンダーニング・S 365(2)
ストレート・S 893(1)

材料
● コスモ1700番フリーステッチ用コットンクロス
　(83プラムグレー)　ヨコ25×タテ20cm
● コスモ25番刺繍糸　グレー365・368、472・
　474・475、893

5. カタクリ

Level ✽✽

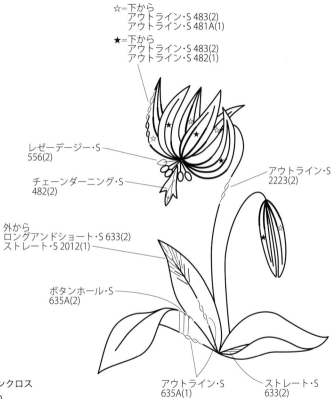

☆=下から
アウトライン・S 483(2)
アウトライン・S 481A(1)

★=下から
アウトライン・S 483(2)
アウトライン・S 482(1)

レゼーデージー・S
556(2)

チェーンダーニング・S
482(2)

アウトライン・S
2223(2)

外から
ロングアンドショート・S 633(2)
ストレート・S 2012(1)

ボタンホール・S
635A(2)

アウトライン・S
635A(1)

ストレート・S
633(2)

材料
- ●コスモ1700番フリーステッチ用コットンクロス
　(82ストーングレー)　ヨコ25×タテ20cm
- ●コスモ25番刺繍糸　グリーン2012、633・
　635A　ピンク2223、481A・482・483　紫
　556

6. サクラ a

Level ❋❋❋

材料
● コスモ1700番フリーステッチ用コットンクロス
　(31スモーキーブルー)　ヨコ25×タテ20cm
● コスモ25番刺繍糸　ピンク101、3651・652・
　653・654　グリーン2117・118・2118、
　629・631　黄143　茶368、425

花弁
◎=外から
　チェーン・S 652(2)
　チェーンダーニング・S 652(2)
　アウトライン・S 3651(1)

○=外から
　チェーン・S 3651(2)
　チェーンダーニング・S 652(2)
　アウトライン・S 3651(1)

▲=外から
　チェーン・S 3651(2)
　チェーンダーニング・S 3651(2)
　ストレート・S 101(1)

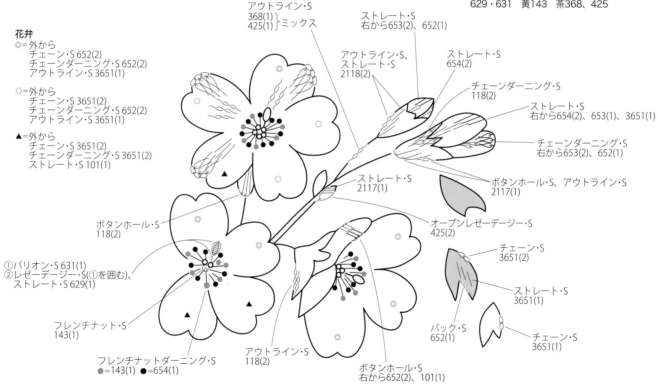

アウトライン・S
368(1)
425(1) ミックス

ストレート・S
右から653(2)、652(1)

アウトライン・S、
ストレート・S
2118(2)

ストレート・S
654(2)

チェーンダーニング・S
118(2)

ストレート・S
右から654(2)、653(1)、3651(1)

チェーンダーニング・S
右から653(2)、652(1)

ボタンホール・S、アウトライン・S
2117(1)

ストレート・S
2117(1)

オープンレゼーデージー・S
425(2)

チェーン・S
3651(2)

ストレート・S
3651(1)

バック・S
652(1)

チェーン・S
3651(1)

ボタンホール・S
118(2)

① バリオン・S 631(1)
② レゼーデージー・S(①を囲む)、
　ストレート・S 629(1)

フレンチナット・S
143(1)

フレンチナットダーニング・S
●=143(1)　●=654(1)

アウトライン・S
118(2)

ボタンホール・S
右から652(2)、101(1)

15

7. サクラ b

Level ❋❋❋

花弁

♣=外から
- (先端) レゼーデージー・S 114(2)
- (輪郭) アウトライン・S 112(2)
- チェーンダーニング・S 112(2)
- ストレート・S 101(1)

♥=外から
- (先端) レゼーデージー・S 2105(2)
- (輪郭) アウトライン・S 105(2)
- チェーンダーニング・S 105(2)
- ストレート・S 101(1)

★=外から
- (先端) レゼーデージー・S 113(2)
- (輪郭) アウトライン・S 2111(2)
- チェーンダーニング・S 2111(2)
- アウトライン・S 101(1)

♧=外から
- (先端) レゼーデージー・S 113(2)
- (輪郭) アウトライン・S 2111(2)
- アウトライン・S 2111(2)
- アウトライン・S 101(1)

♡=外から
- (輪郭) アウトライン・S 1105(2)
- アウトライン・S 105(1)

花芯
フレンチナット・S、フレンチナットダーニング・S
●=383(1)　●=2301(1)　○=325A(1)

材料
- ●コスモ1700番フリーステッチ用コットンクロス
  (31スモーキーブルー)　ヨコ25×タテ20cm
- ●コスモ25番刺繍糸　ピンク101・105・1105・
  2105、2111・112・113・114　黄2301　グ
  リーン324・325A　茶383

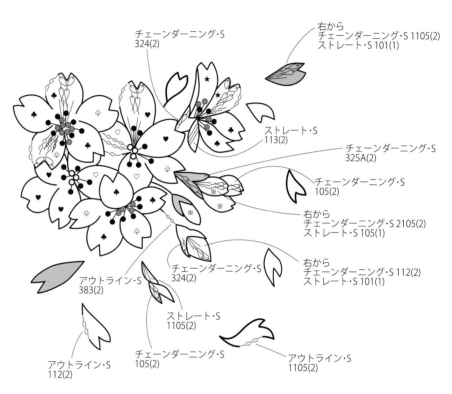

チェーンダーニング・S
324(2)

右から
チェーンダーニング・S 1105(2)
ストレート・S 101(1)

ストレート・S
113(2)

チェーンダーニング・S
325A(2)

チェーンダーニング・S
105(2)

右から
チェーンダーニング・S 2105(2)
ストレート・S 105(1)

右から
チェーンダーニング・S 112(2)
ストレート・S 101(1)

チェーンダーニング・S
324(2)

アウトライン・S
383(2)

ストレート・S
1105(2)

チェーンダーニング・S
105(2)

アウトライン・S
1105(2)

アウトライン・S
112(2)

夏

8. ノアザミ

Level ❋❋

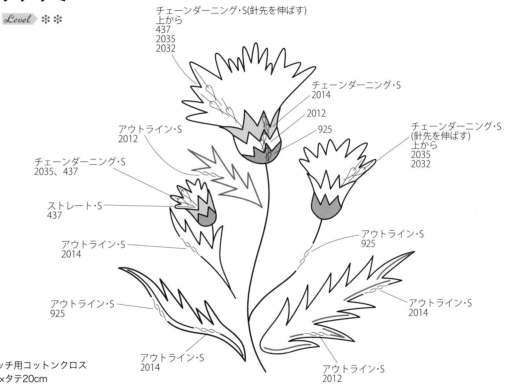

チェーンダーニング・S(針先を伸ばす)
上から
437
2035
2032

チェーンダーニング・S
2014

2012

925

チェーンダーニング・S
(針先を伸ばす)
上から
2035
2032

アウトライン・S
2012

チェーンダーニング・S
2035、437

ストレート・S
437

アウトライン・S
2014

アウトライン・S
925

アウトライン・S
925

アウトライン・S
2014

アウトライン・S
2014

アウトライン・S
2012

材料

● コスモ1700番フリーステッチ用コットンクロス
(93ペールグレー) ヨコ25×タテ20cm
● コスモ25番刺繍糸 グリーン2012・2014、
925 紫2032・2035 赤437

● 糸は全て2本どりで刺します

9. ウイキョウ

Level ✳

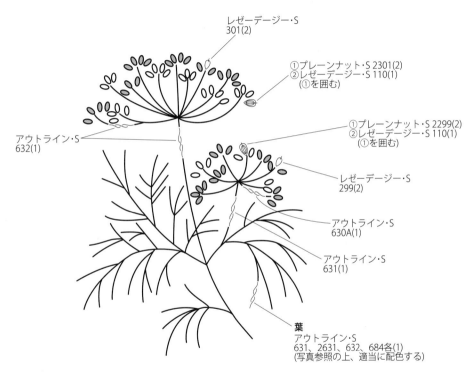

レゼーデージー・S
301(2)

①プレーンナット・S 2301(2)
②レゼーデージー・S 110(1)
(①を囲む)

①プレーンナット・S 2299(2)
②レゼーデージー・S 110(1)
(①を囲む)

アウトライン・S
632(1)

レゼーデージー・S
299(2)

アウトライン・S
630A(1)

アウトライン・S
631(1)

葉
アウトライン・S
631、2631、632、684各(1)
(写真参照の上、適当に配色する)

材料
- コスモ1700番フリーステッチ用コットンクロス
  (93ペールグレー) ヨコ25×タテ20cm
- コスモ25番刺繍糸 黄299・2299・301・
  2301 グリーン630A・631・2631・632、
  684 白110

10. アジサイ a

Level ✳✳✳

チェーンダーニング・S
119(2)

ストレート・S+ボタンホール・S
□=282(2) ■=284(2) ■=286(2)
(刺し方参照)

アウトライン・S
119(1)

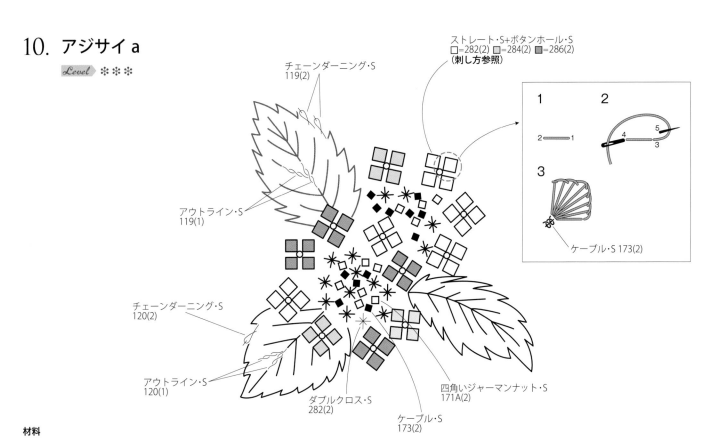

1 2——————1

2

3
ケーブル・S 173(2)

チェーンダーニング・S
120(2)

アウトライン・S
120(1)

ダブルクロス・S
282(2)

ケーブル・S
173(2)

四角いジャーマンナット・S
171A(2)

材料
- ●コスモ1700番フリーステッチ用コットンクロス
  (4ネイビー) ヨコ25×タテ20cm
- ●コスモ25番刺繍糸 グリーン119・120 紫
  171A・173、282・284・286

11. アジサイ b

Level ❊❊❊

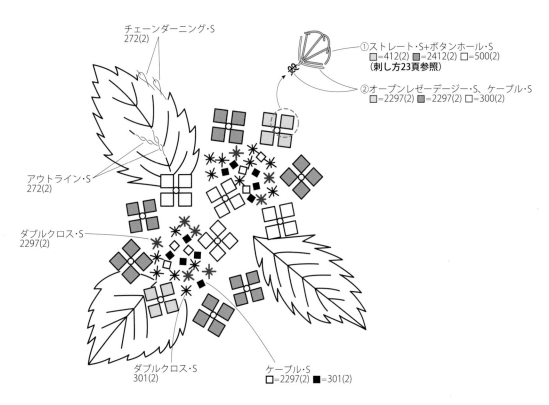

チェーンダーニング・S
272(2)

①ストレート・S+ボタンホール・S
□=412(2) ■=2412(2) □=500(2)
（刺し方23頁参照）

②オープンレゼーデージー・S、ケーブル・S
□=2297(2) ■=2297(2) □=300(2)

アウトライン・S
272(2)

ダブルクロス・S
2297(2)

ダブルクロス・S
301(2)

ケーブル・S
□=2297(2) ■=301(2)

材料
- ●コスモ1700番フリーステッチ用コットンクロス
  （4ネイビー） ヨコ25×タテ20cm
- ●コスモ25番刺繍糸　グリーン272　黄2297・
  300・301　ブルー412・2412　白500

12. サギソウ

Level ✽✽

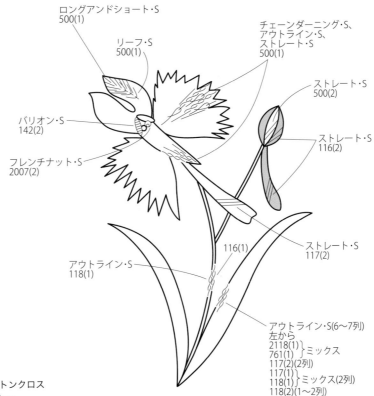

ロングアンドショート・S
500(1)

リーフ・S
500(1)

チェーンダーニング・S、
アウトライン・S、
ストレート・S
500(1)

ストレート・S
500(2)

バリオン・S
142(2)

フレンチナット・S
2007(2)

ストレート・S
116(2)

116(1)

アウトライン・S
118(1)

ストレート・S
117(2)

アウトライン・S(6〜7列)
左から
2118(1)
761(1)　}ミックス
117(2)(2列)
117(1)
118(1)　}ミックス(2列)
118(2)(1〜2列)

材料

- ●コスモ1700番フリーステッチ用コットンクロス
  (82ストーングレー)　ヨコ25×タテ20cm
- ●コスモ25番刺繍糸　グリーン116・117・118・
  2118　黄142、2007　グレー761　白500

13. ホタルブクロ a

Level ✽✽✽

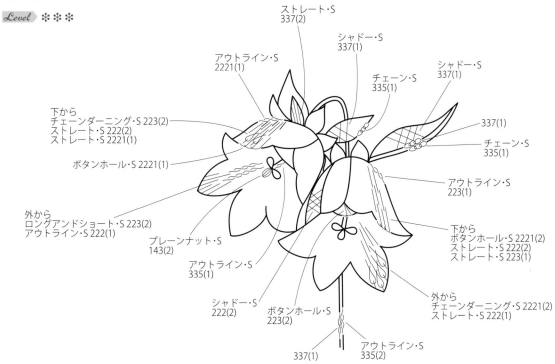

ストレート・S
337(2)

シャドー・S
337(1)

アウトライン・S
2221(1)

チェーン・S
335(1)

シャドー・S
337(1)

下から
チェーンダーニング・S 223(2)
ストレート・S 222(2)
ストレート・S 2221(1)

337(1)

チェーン・S
335(1)

ボタンホール・S 2221(1)

アウトライン・S
223(1)

外から
ロングアンドショート・S 223(2)
アウトライン・S 222(1)

プレーンナット・S
143(2)

下から
ボタンホール・S 2221(2)
ストレート・S 222(2)
ストレート・S 223(1)

アウトライン・S
335(1)

シャドー・S
222(2)

ボタンホール・S
223(2)

外から
チェーンダーニング・S 2221(2)
ストレート・S 222(1)

337(1)

アウトライン・S
335(2)

材料
- コスモ1700番フリーステッチ用コットンクロス
  (90ビンテージブルー) ヨコ25×タテ20cm
- コスモ25番刺繍糸 黄143 ピンク2221・
  222・223 グリーン335・337

30

14. ホタルブクロ b

Level ✳✳

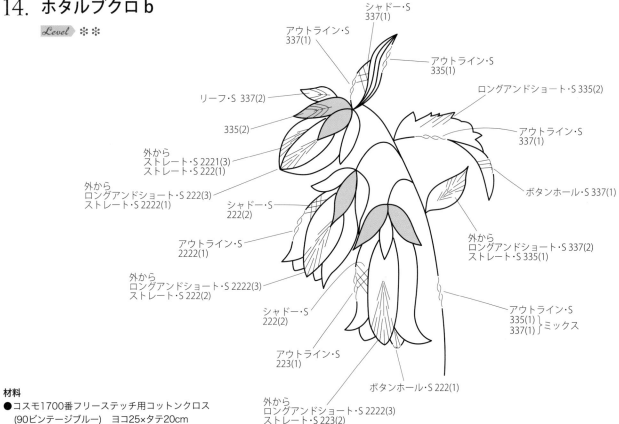

シャドー・S
337(1)

アウトライン・S
337(1)

アウトライン・S
335(1)

リーフ・S 337(2)

ロングアンドショート・S 335(2)

アウトライン・S
337(1)

335(2)

外から
ストレート・S 2221(3)
ストレート・S 222(1)

外から
ロングアンドショート・S 222(3)
ストレート・S 2222(1)

シャドー・S
222(2)

ボタンホール・S 337(1)

外から
ロングアンドショート・S 337(2)
ストレート・S 335(1)

アウトライン・S
2222(1)

外から
ロングアンドショート・S 2222(3)
ストレート・S 222(2)

シャドー・S
222(2)

アウトライン・S
335(1) ⎫
337(1) ⎬ ミックス

アウトライン・S
223(1)

ボタンホール・S 222(1)

外から
ロングアンドショート・S 2222(3)
ストレート・S 223(2)

材料
- ●コスモ1700番フリーステッチ用コットンクロス
  (90ビンテージブルー)　ヨコ25×タテ20cm
- ●コスモ25番刺繍糸　グリーン335・337　ピンク
  2221・222・2222・223

15. キンシバイ

Level ❊❊❊

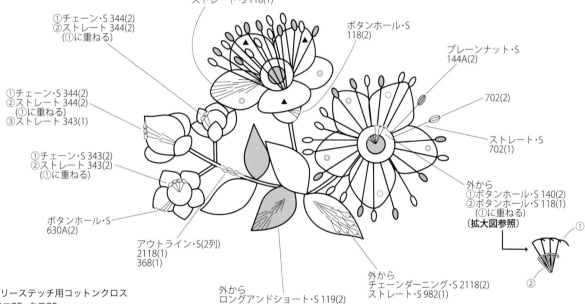

◎=外から
　ロングアンドショート・S 700(3)
　ストレート・S 117(1)

○=外から
　ロングアンドショート・S 701(3)
　ストレート・S 118(1)

▲=外から
　ロングアンドショート・S 143(3)
　ストレート・S 118(1)

①チェーン・S 344(2)
②ストレート 344(2)
　(①に重ねる)

ボタンホール・S
118(2)

プレーンナット・S
144A(2)

702(2)

①チェーン・S 344(2)
②ストレート 344(2)
　(①に重ねる)
③ストレート 343(1)

ストレート・S
702(1)

①チェーン・S 343(2)
②ストレート 343(2)
　(①に重ねる)

外から
①ボタンホール・S 140(2)
②ボタンホール・S 118(1)
　(①に重ねる)
(拡大図参照)

ボタンホール・S
630A(2)

アウトライン・S(2列)
2118(1)
368(1)

外から
ロングアンドショート・S 119(2)
ストレート・S 983(1)

外から
チェーンダーニング・S 2118(2)
ストレート・S 982(1)

材料

● コスモ1700番フリーステッチ用コットンクロス
　(11ホワイト)　ヨコ25×タテ20cm
● コスモ25番刺繍糸　グリーン117・118・
　2118・119、630A　黄140・143・144A、
　700・701・702　赤343・344　グレー368
　ブルー982・983

16. ムギ

Level ✲

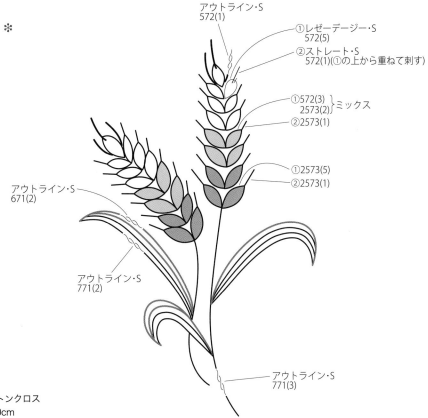

アウトライン・S
572(1)

①レゼーデージー・S
572(5)

②ストレート・S
572(1)(①の上から重ねて刺す)

①572(3)
2573(2) }ミックス
②2573(1)

①2573(5)
②2573(1)

アウトライン・S
671(2)

アウトライン・S
771(2)

アウトライン・S
771(3)

材料
- ●コスモ1700番フリーステッチ用コットンクロス
  (82ストーングレー) ヨコ25×タテ20cm
- ●コスモ25番刺繍糸 金茶572・2573、671、771

17. ススキ

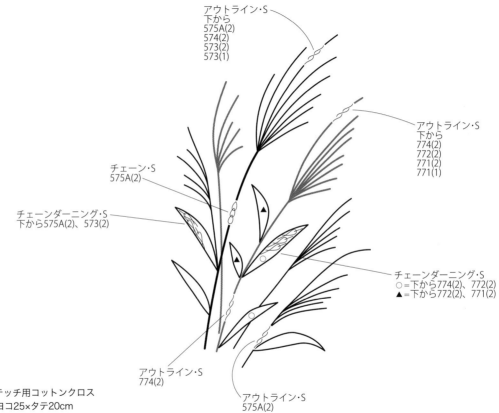

Level ✽

アウトライン・S
下から
575A(2)
574(2)
573(2)
573(1)

アウトライン・S
下から
774(2)
772(2)
771(2)
771(1)

チェーン・S
575A(2)

チェーンダーニング・S
下から575A(2)、573(2)

チェーンダーニング・S
○＝下から774(2)、772(2)
▲＝下から772(2)、771(2)

アウトライン・S
774(2)

アウトライン・S
575A(2)

材料
- コスモ1700番フリーステッチ用コットンクロス
  (90ビンテージブルー)　ヨコ25×タテ20cm
- コスモ25番刺繍糸　金茶573・574・575A、
  771・772・774

18. ナデシコ

Level ❋❋

チェーン・S
814(2)

ストレート・S
814(2)

ストレート・S
318(1)

花芯：①プレーンナット・S 100(2)
②レゼーデージー・S 367(1)
（①を囲む）

チェーン・S
813(2)

ストレート・S(3段)
外から
2111(1)
112(1)
112(1)

ロングアンドショート・S
上から
2317(2)
318(2)

ストレート・S 814(1)
（花びらの先に後から刺す）

ロングアンドショート・S
上から
2117(2)
318(2)

ストレート・S (2段)
813(1)

ストレート・S
318(1)

ストレート・S 112(1)
（がくの上に後から刺す）

上から
ロングアンドショート・S
2117(2)
2317(2)
ストレート・S 318(1)

ロングアンドショート・S
317(2)

アウトライン・S
2317(2)

アウトライン・S
318(2)

チェーン・S
2317(2)

アウトライン・S
318(2)

ストレート・S
2117(1)

シャドー・S
317(2)

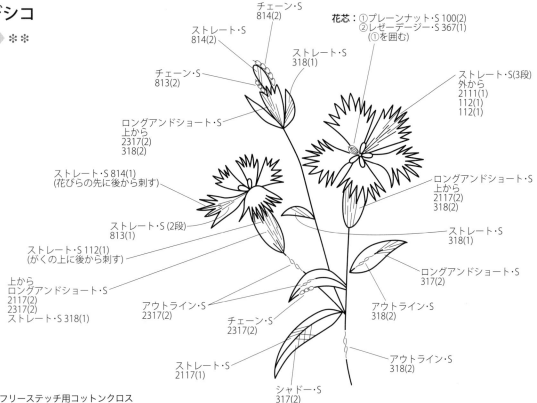

材料

● コスモ1700番フリーステッチ用コットンクロス
（11ホワイト） ヨコ25×タテ20cm
● コスモ25番刺繍糸　ピンク2111・112、813・
814　グリーン2117、317・2317・318　茶
367　白100

19. ワレモコウ a

Level ❋

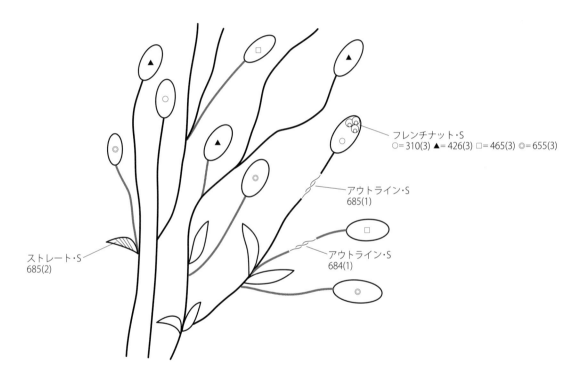

フレンチナット・S
○=310(3) ▲=426(3) □=465(3) ◎=655(3)

アウトライン・S
685(1)

アウトライン・S
684(1)

ストレート・S
685(2)

材料
- ●コスモ1700番フリーステッチ用コットンクロス
  (93ペールグレー)　ヨコ25×タテ20cm
- ●コスモ25番刺繍糸　茶310、426　赤茶465、
  655　グリーン684・685

20. ワレモコウ b

Level ✻

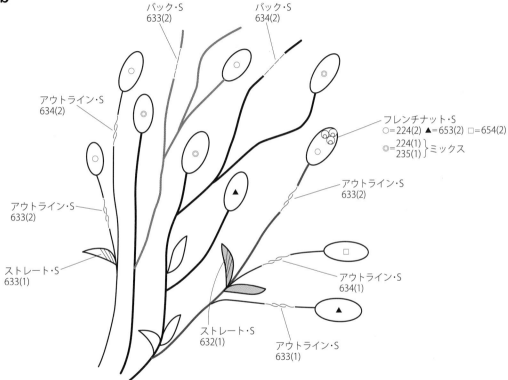

バック・S
633(2)

バック・S
634(2)

アウトライン・S
634(2)

フレンチナット・S
○=224(2) ▲=653(2) □=654(2)
◎=224(1)
　 235(1) } ミックス

アウトライン・S
633(2)

アウトライン・S
633(2)

アウトライン・S
634(1)

ストレート・S
633(1)

ストレート・S
632(1)

アウトライン・S
633(1)

材料

●コスモ1700番フリーステッチ用コットンクロス
　(82ストーングレー)　ヨコ25×タテ20cm
●コスモ25番刺繍糸　ピンク224、235　グリーン
　632・633・634　赤653・654

43

21. リンドウ

Level ✳✳✳

つぼみ 花弁

◎= 上から
　ボタンホール・S 174(2)
　ストレート・S 2172(1)

○= 上から
　ボタンホール・S 174(2)
　ストレート・S 2172(2)

▲= 上から
　ボタンホール・S 176(2)
　ストレート・S 2172(2)

花弁☆
外から
チェーンダーニング・S 176(2)
アウトライン・S 174(1)
アウトライン・S 171A(1)

下から
ボタンホール・S 174(2)
ストレート・S 2172(1)

花弁★
外から
チェーンダーニング・S 174(2)
ストレート・S 2172(1)
アウトライン・S 171A(1)

シャドー・S
176(2)

上から
ロングアンドショート・S 325A(2)
ストレート・S 326(1)

アウトライン・S
2172(1)

外から
チェーンダーニング・S 174(2)
ストレート・S 2172(1)

アウトライン・S
174(1)

171A、2172各(1)

ストレート・S
324(2)

サテン・S
2172(2)

①プレーンナット・S 701(2)
②レゼーデージー・S 701(2)
　（①を囲む）

アウトライン・S
2172(1)

ストレート・S
326(2)

アウトライン・S
326(1)

下から
チェーンダーニング・S 176(2)
ストレート・S 174(1)

バック・S
326(2)

チェーン・S
325A(2)

シャドー・S
174(2)

アウトライン・S
171A、2172各(1)

チェーンダーニング・S
324(1)

シャドー・S
324(2)

アウトライン・S
326(1)

ロングアンドショート・S
325A(2)

上から
ロングアンドショート・S 174(2)
アウトライン・S 174(1)
ストレート・S 2172(1)

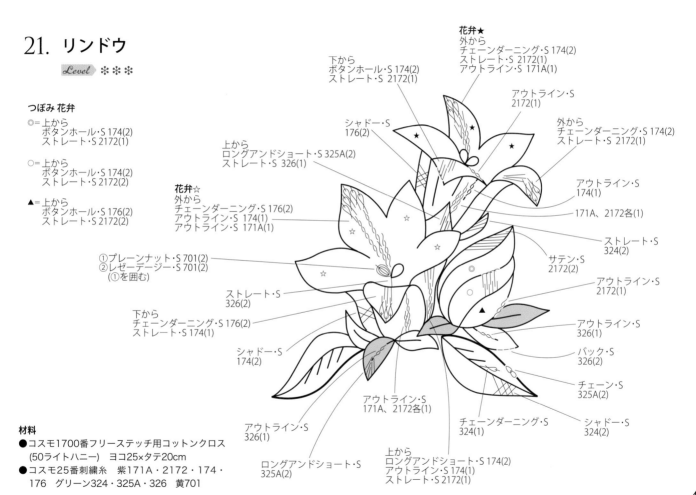

材料
●コスモ1700番フリーステッチ用コットンクロス
　（50ライトハニー）ヨコ25×タテ20cm
●コスモ25番刺繍糸　紫171A・2172・174・
　176　グリーン324・325A・326　黄701

45

WINTER

冬

22. ナンテン

Level ✳

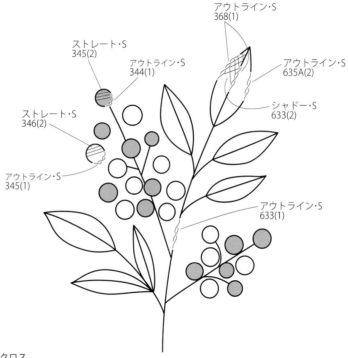

アウトライン・S
368(1)

ストレート・S
345(2)

アウトライン・S
344(1)

アウトライン・S
635A(2)

シャドー・S
633(2)

ストレート・S
346(2)

アウトライン・S
345(1)

アウトライン・S
633(1)

材料

● コスモ1700番フリーステッチ用コットンクロス
　（83プラムグレー）　ヨコ25×タテ20cm
● コスモ25番刺繍糸　赤344・345・346　グレー
　368　グリーン633・635A

23. ツバキ

Level ✳✳

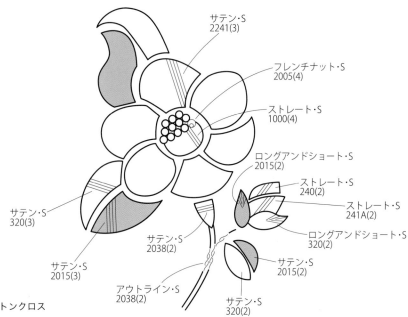

サテン・S
2241(3)

フレンチナット・S
2005(4)

ストレート・S
1000(4)

ロングアンドショート・S
2015(2)

ストレート・S
240(2)

ストレート・S
241A(2)

ロングアンドショート・S
320(2)

サテン・S
320(3)

サテン・S
2015(3)

サテン・S
2038(2)

サテン・S
2015(2)

アウトライン・S
2038(2)

サテン・S
320(2)

材料

● コスモ1700番フリーステッチ用コットンクロス
（11ホワイト） ヨコ25×タテ20cm
● コスモ25番刺繍糸　黄2005　赤240・241A・
2241　グリーン2015、320　茶2038　ベージュ
1000

● サテン・Sは、同色同本数の糸で輪郭線にバック・S
で下糸を入れます

24. スノードロップ

Level ❋❋

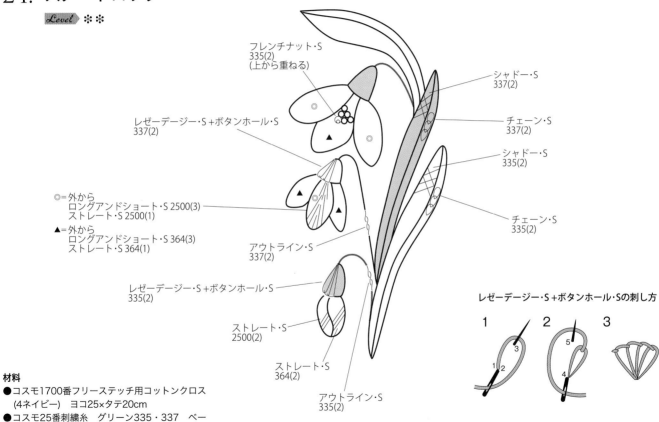

フレンチナット・S
335(2)
(上から重ねる)

シャドー・S
337(2)

レゼーデージー・S +ボタンホール・S
337(2)

チェーン・S
337(2)

シャドー・S
335(2)

◎=外から
ロングアンドショート・S 2500(3)
ストレート・S 2500(1)

▲=外から
ロングアンドショート・S 364(3)
ストレート・S 364(1)

チェーン・S
335(2)

アウトライン・S
337(2)

レゼーデージー・S +ボタンホール・S
335(2)

ストレート・S
2500(2)

ストレート・S
364(2)

アウトライン・S
335(2)

レゼーデージー・S +ボタンホール・Sの刺し方

1　　　　2　　　　3

材料
- ●コスモ1700番フリーステッチ用コットンクロス
  (4ネイビー)　ヨコ25×タテ20cm
- ●コスモ25番刺繍糸　グリーン335・337　ベージュ364　白2500

25. クロッカス

Level ❋❋

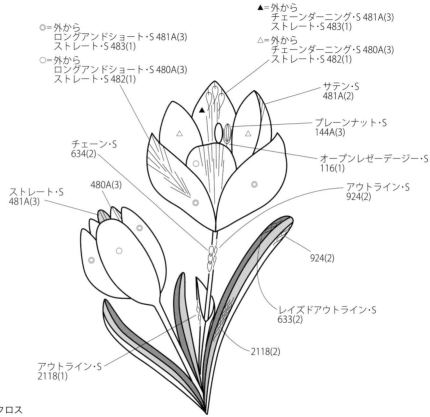

◎=外から
ロングアンドショート・S 481A(3)
ストレート・S 483(1)

○=外から
ロングアンドショート・S 480A(3)
ストレート・S 482(1)

▲=外から
チェーンダーニング・S 481A(3)
ストレート・S 483(1)

△=外から
チェーンダーニング・S 480A(3)
ストレート・S 482(1)

サテン・S
481A(2)

プレーンナット・S
144A(3)

オープンレゼーデージー・S
116(1)

チェーン・S
634(2)

480A(3)

アウトライン・S
924(2)

924(2)

ストレート・S
481A(3)

レイズドアウトライン・S
633(2)

2118(2)

アウトライン・S
2118(1)

材料

- コスモ1700番フリーステッチ用コットンクロス
  (83プラムグレー)　ヨコ25×タテ20cm
- コスモ25番刺繍糸　グリーン116・2118、
  633・634、924　黄144A　ピンク480A・
  481A・482・483

53

26. ヤドリギa

Level ✲✲

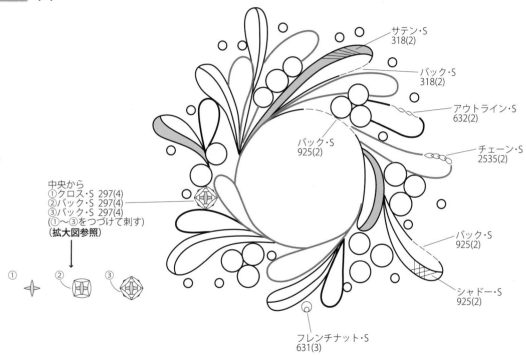

サテン・S
318(2)

バック・S
318(2)

アウトライン・S
632(2)

チェーン・S
2535(2)

バック・S
925(2)

中央から
①クロス・S 297(4)
②バック・S 297(4)
③バック・S 297(4)
(①〜③をつづけて刺す)
(拡大図参照)

↓

① ② ③

バック・S
925(2)

シャドー・S
925(2)

フレンチナット・S
631(3)

材料
●コスモ1700番フリーステッチ用コットンクロス
 (93ペールグレー) ヨコ25×タテ20cm
●コスモ25番刺繍糸 黄297 グリーン318、
 2535、631・632、925

27. ヤドリギb

Level ✳✳✳

材料
- ●コスモ1700番フリーステッチ用コットンクロス
  (82ストーングレー) ヨコ25×タテ20cm
- ●コスモ25番刺繍糸 ベージュ364・366 グリーン
  318・319、634・635

中央：ジャーマンナット・S 366(3)
周り：①プレーンナット・S 364(2)
　　　②ボタンホールをかける 364(2)
　　　　(①の糸をすくう)
　　　(刺し方参照)

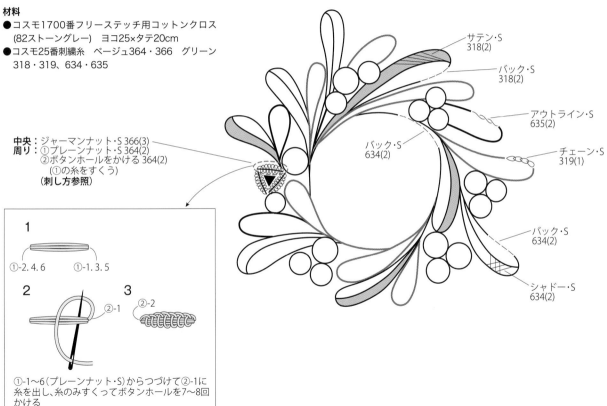

サテン・S
318(2)

バック・S
318(2)

アウトライン・S
635(2)

バック・S
634(2)

チェーン・S
319(1)

バック・S
634(2)

シャドー・S
634(2)

1
①-2. 4. 6　　①-1. 3. 5

2　　　　**3**
　②-1　　②-2

①-1〜6(プレーンナット・S)からつづけて②-1に
糸を出し、糸のみすくってボタンホールを7〜8回
かける

57

ステッチの基礎

この本で使っているステッチの種類とその刺し方です。解説中のステッチ記号は、各ステッチ名の横に示しました。

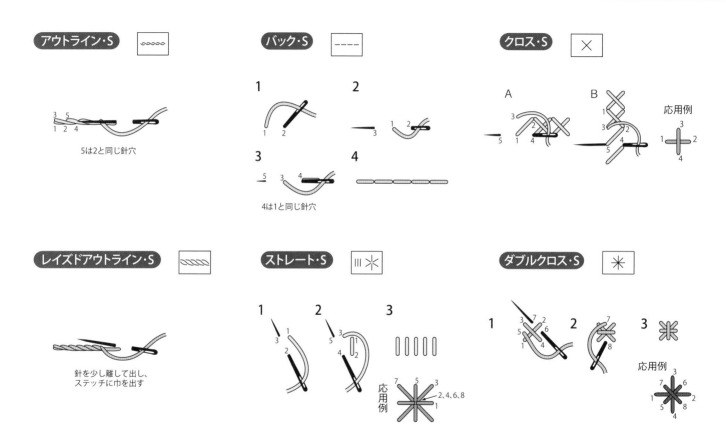

アウトライン・S

5は2と同じ針穴

バック・S

1　2　3　4

4は1と同じ針穴

クロス・S

A　B　応用例

レイズドアウトライン・S

針を少し離して出し、
ステッチに巾を出す

ストレート・S

1　2　3　応用例

ダブルクロス・S

1　2　3　応用例

チェーン・S

1 **2** **3**

レゼーデージー・S

1 **2** 応用例

フレンチナット・S

1 **2** **3**

  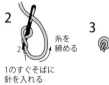

針に糸を
2回巻く

1のすぐそばに
針を入れる

糸を
締める

チェーンダーニング・S

1 **2** 応用例

針先を伸ば
した場合

つづけて
刺す場合

オープンレゼーデージー・S

1 **2**

フレンチナットダーニング・S

1 **2** **3**

針に糸を
2回巻く

1から長さを付けて
針を入れる

糸を
締める

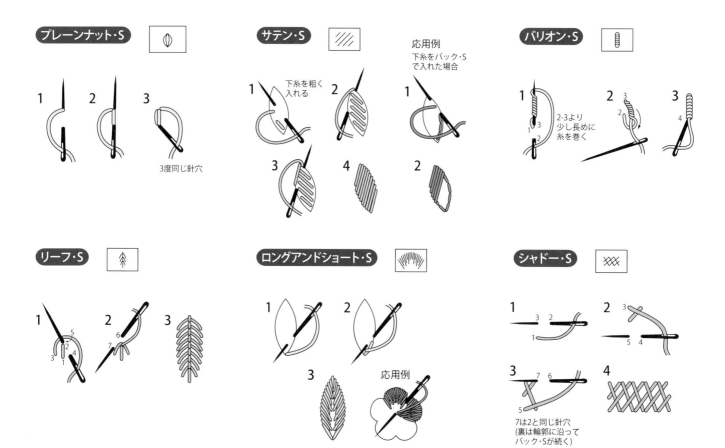

プレーンナット・S

1　2　3

3度同じ針穴

サテン・S

1　下糸を粗く入れる　2

3　4

応用例
下糸をバック・Sで入れた場合

1　2

バリオン・S

1　2-3より少し長めに糸を巻く　2　3

リーフ・S

1　2　3

ロングアンドショート・S

1　2　3　応用例

シャドー・S

1　2　3　4

7は2と同じ針穴
(裏は輪郭に沿ってバック・Sが続く)

60

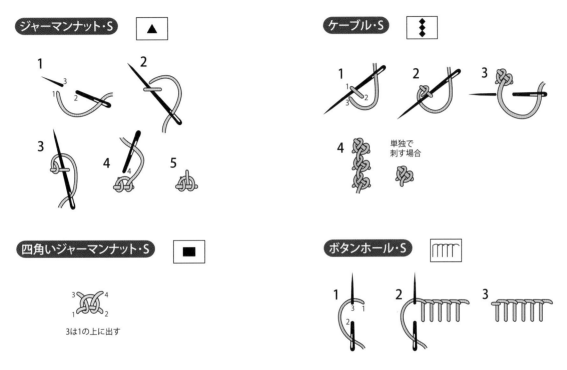

ジャーマンナット・S ▲

ケーブル・S

四角いジャーマンナット・S ■

3は1の上に出す

ボタンホール・S

4　単独で
刺す場合

美しく刺すために

● 糸の引き加減はきつすぎずゆるすぎず、均一の調子で刺し、ステッチの大きさが揃うようにしましょう。
● 刺しているうちに針に付けた糸がねじれてくるので、よりを戻しながら刺しましょう。
● 失敗して何度もほどいた糸は、けば立って仕上がりが美しくありません。新しい糸に替えて刺しましょう。
● 裏側で糸を長く渡さないようにしましょう。先に刺したステッチを利用し、その中を通したり、からめたりして糸を渡します。

刺しゅうをはじめる前に

■ 用　布 ■

刺しゅう用としては、綿や麻のものが刺しやすく、取扱いが簡単ですが、目的に応じて布の種類や素材を選ぶことが必要です。手芸材料店では、刺しゅう用に織られた布が手に入ります。

■ 刺しゅう針 ■

刺しゅう用の針は穴が細長いところが特徴で、針の長さや太さはいろいろ揃っています。刺しゅうする布の材質や刺しゅう糸の本数によって、針の太さ、長さを使い分けます。

■ 刺しゅう糸 ■

一般的に一番よく使われる25番刺しゅう糸は、6本の細い糸がゆるくよられていて1本になっています。使用する時は、必要な本数に合わせて細い糸を1本ずつ抜き取って使います。使用する時は、次頁の「糸の扱い方」を参照し、使いやすいように準備し、必要な本数を1本ずつ抜き取って使います。

■ 刺しゅう枠 ■

ふつうは円形の枠を使います。大きさは様々ですが、8〜12cmのものが使いやすいでしょう。

■ 糸を針に通す方法 ■

針を片手に持ち、もう片方の手で糸の端を持ちます。糸を針の頭にあてたまま、糸を二つに折ります（①図）。親指と人指し指で糸の二つに折れた部分をしっかり挟み、針を抜いて糸に折り山を作ります（②図）。そのまま親指と人指し指を少し開いて糸の折り山をのぞかせ、糸を針の穴へ通します（③図）。

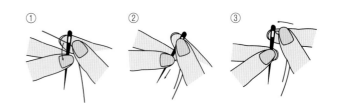

■ 糸の扱い方 ■

25番刺しゅう糸は紙帯をはずし、輪に巻いた状態に戻します（①図）。次に輪の中に手を入れ、糸の端と端をつまんで、からまないように輪をほどいていきます（②図）。ほどき終わって半分の長さになった糸を、さらに半分ずつ2回折り、全体を8等分の長さにしたら糸を切ります（③図）。切り終わった糸に糸番号の付いた紙帯を通しておくと、配色や糸を追加する時に便利です。糸を使う時は、面倒でも使用本数に合わせて1本ずつ糸を抜き、揃えて使用します。その時、糸の中央から抜くと、抜きやすいでしょう。1本ずつ抜くことによって、糸目が揃い、出来上がりが美しくなります（④図）。

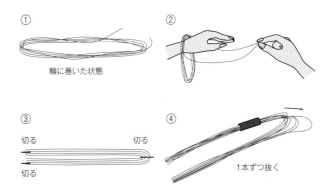

■ 洗濯について ■

刺しゅう糸がほつれてこないよう裏側の糸の始末を確認しましょう。洗濯は一度水につけてから中性洗剤を入れ、やさしく押し洗いをし、その後、水で何度もすすぎます。この時、万一余分な染料が出ても、あわてて水から出さずに、色が出るのが止まるまで、充分すいで洗い流します。脱水はたたんで軽く脱水機にかけるか、タオルに挟んで水分を取り、薄く糊づけします。乾燥は風通しの良い所で日陰干しをし、アイロンはステッチがつぶれないように毛布などの柔らかい物を台にして、裏から霧を吹きかけながら高温（摂氏180〜210度）で当てます。クリーニングに出す時はフッソ系のドライクリーニングが最も安全ですが、いずれにしても店とよく相談して下さい。

■ 図案の写し方 ■

● 図案の上にトレーシングペーパーなど透ける紙を重ねて、鉛筆で図案を写します。

● 次にこのトレーシングペーパーを布の上に置き、間に「刺しゅう用コピーペーパー」をはさみ、待ち針等で固定します。

● 図案紙が破けないように、セロファン紙を図案の上にかぶせ、「転写用ペン」や「インクのなくなったボールペン」などで図案の線をていねいになぞります。

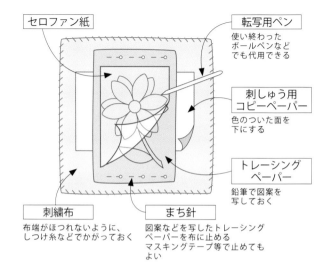

セロファン紙

転写用ペン
使い終わった
ボールペンなど
でも代用できる

刺しゅう用
コピーペーパー
色のついた面を
下にする

トレーシング
ペーパー
鉛筆で図案を
写しておく

刺繍布
布端がほつれないように、
しつけ糸などでかがっておく

まち針
図案などを写したトレーシング
ペーパーを布に止める
マスキングテープ等で止めても
よい

一輪の花刺しゅう
いち りん はな し

2021年11月20日　初版第1刷発行

■ 著　者　　戸塚 薫
とつか かおる
■ 編集人　　岩永 幸
■ 発行人　　戸塚康一郎
■ 発行所　　株式会社 啓佑社
　〒112-0014 東京都文京区関口 1-8-6 メゾン文京関口Ⅱ 403号
　TEL.03-3268-2418(代表) FAX.03-3267-0949
　http://www.keiyu-sha.co.jp/
■ 印刷　　モリモト印刷株式会社

Staff

企画・監修／戸塚 薫

作品制作／粟野 恵子　井上 和子　上野 敦子
　　　　　大西 千恵子　小原 直子　串田 満喜子
　　　　　桑代 亜美　瀬戸 恵美子　田村 公子
　　　　　西 智子　松島 優　山本 真由美（50音順敬称略）

ブックデザイン／株式会社ユニカイエ

撮影／木下 大造

協力／株式会社ルシアン

編集担当／大阿久 綾乃